FEM

A breve história do Fórum Econômico Mundial com Klaus Schwab, Agenda 2030, A Grande Restauração, Críticas e Controvérsias

Isenção de responsabilidade

1

Introdução

O Fórum Econômico Mundial (FEM) é uma organização
internacional não governamental e de lobby para
empresas multinacionais com sede em Cologny, Cantão
de Genebra, Suíça. Foi fundado em 24 de janeiro de 1971
pelo engenheiro alemão Klaus Schwab. A fundação, que é
financiada principalmente por suas 1.000 empresas
associadas - geralmente empresas globais com
faturamento superior a US$ 5 bilhões - bem como por
subsídios públicos, considera que sua própria missão é
"melhorar o estado do mundo por meio do envolvimento
de líderes empresariais, políticos, acadêmicos e outros
líderes da sociedade para moldar as agendas globais,
regionais e do setor".

O FEM é conhecido principalmente por sua reunião anual
no final de janeiro em Davos, um resort montanhoso na
região leste dos Alpes, na Suíça. O encontro reúne cerca
de 3.000 membros pagantes e participantes selecionados
- entre eles investidores, líderes empresariais, líderes
políticos, economistas, celebridades e jornalistas - por até
cinco dias para discutir questões globais em 500 sessões.

Além de Davos, a organização organiza conferências regionais em locais da África, Leste Asiático, América Latina e Índia e realiza duas reuniões anuais adicionais na China e nos Emirados Árabes Unidos. Além disso, produz uma série de relatórios, envolve seus membros em iniciativas específicas do setor e oferece uma plataforma para que líderes de grupos de partes interessadas selecionados colaborem em projetos e iniciativas.

O Fórum sugere que um mundo globalizado é mais bem administrado por uma coalizão autosselecionada de empresas multinacionais, governos e organizações da sociedade civil (OSCs), o que é expresso por meio de iniciativas como a "Grande Reinicialização" e o "Redesenho Global".

O Fórum Econômico Mundial e sua reunião anual em Davos têm sido alvo de críticas ao longo dos anos, incluindo a captura corporativa de instituições globais e democráticas pela organização, suas iniciativas institucionais de branqueamento, o custo público da segurança, o status de isenção de impostos da organização, processos de decisão e critérios de associação pouco claros, falta de transparência financeira

3

e a pegada ambiental de suas reuniões anuais. Como reação às críticas da sociedade suíça, o governo federal suíço decidiu, em fevereiro de 2021, reduzir suas contribuições anuais para o FEM. Além disso, o FEM foi criticado como "hipócrita" em relação aos direitos humanos palestinos quando rejeitou uma petição de seus próprios eleitores para condenar a agressão de Israel contra os palestinos, alegando ser uma organização "imparcial", e alguns meses depois condenou voluntariamente a agressão da Rússia contra a Ucrânia. O FEM também tem sido alvo de teorias da conspiração.

O custo a ser pago pelas empresas para um delegado no FEM era de US$ 70.000 no início dos anos 2000 e, em 2022, era de US$ 120.000.

WORLD
ECONOMIC
FORUM

COMMITTED TO
IMPROVING THE STATE
OF THE WORLD

Tabela de conteúdo

História do FEM

O FEM foi fundado em 1971 por Klaus Schwab, um professor de administração da Universidade de Genebra. Inicialmente chamado de Fórum Europeu de Administração, mudou seu nome para Fórum Econômico Mundial em 1987 e procurou ampliar sua visão para incluir o fornecimento de uma plataforma para a resolução de conflitos internacionais.

Em fevereiro de 1971, Schwab convidou 450 executivos de empresas da Europa Ocidental para o primeiro Simpósio de Gestão Europeia realizado no Centro de Congressos de Davos sob o patrocínio da Comissão Europeia e de associações industriais europeias, onde Schwab procurou apresentar às empresas europeias as práticas de gestão americanas. Em seguida, ele fundou o FEM como uma organização sem fins lucrativos com sede em Genebra e atraiu líderes empresariais europeus a Davos para as reuniões anuais em janeiro.

O segundo Fórum Europeu de Gestão, em 1972, foi a primeira reunião em que um dos palestrantes do fórum foi um chefe de governo, o presidente Pierre Werner, de Luxemburgo.

Os eventos de 1973, incluindo o colapso do mecanismo de taxas de câmbio fixas de Bretton Woods e a Guerra do Yom Kippur, fizeram com que a reunião anual expandisse seu foco de questões gerenciais para questões econômicas e sociais e, pela primeira vez, líderes políticos foram convidados para a reunião anual em janeiro de 1974.

Durante a primeira década do fórum, ele manteve uma atmosfera divertida, com muitos membros esquiando e participando de eventos noturnos. Ao avaliar o evento de 1981, um participante observou que "o fórum oferece férias agradáveis com as despesas pagas".

Os líderes políticos logo começaram a usar a reunião anual como local para promover seus interesses. Em 1988, a *Declaração de Davos* foi assinada pela Grécia e pela Turquia, ajudando-as a sair da beira da guerra. Em 1992, o presidente sul-africano F. W. de Klerk reuniu-se com Nelson Mandela e o chefe Mangosuthu Buthelezi na reunião anual, sua primeira aparição conjunta fora da

África do Sul. Na reunião anual de 1994, o Ministro das Relações Exteriores de Israel, Shimon Peres, e o presidente da OLP, Yasser Arafat, chegaram a um acordo preliminar sobre Gaza e Jericó.

Em outubro de 2004, o Fórum Econômico Mundial chamou a atenção com a renúncia de seu CEO e diretor executivo, José María Figueres, devido ao recebimento não declarado de mais de US$ 900.000 em honorários de consultoria da empresa francesa de telecomunicações Alcatel. A Transparência Internacional destacou esse incidente em seu Relatório Global de Corrupção dois anos depois, em 2006.

Em janeiro de 2006, o FEM publicou um artigo em sua revista *Global Agenda* intitulado "Boicote a Israel", que foi distribuído a todos os 2.340 participantes da reunião anual. Após a publicação, Klaus Schwab descreveu a publicação como "uma falha inaceitável no processo editorial".

No final de 2015, o convite foi estendido para incluir uma delegação norte-coreana no FEM de 2016, "em vista dos sinais positivos vindos do país", observaram os organizadores do FEM. A Coreia do Norte não participa do FEM desde 1998. O convite foi aceito. No entanto, o FEM revogou o convite em 13 de janeiro de 2016, após o teste nuclear norte-coreano de 6 de janeiro de 2016, e a participação do país foi sujeita a "sanções existentes e possíveis sanções futuras". Apesar dos protestos da Coreia do Norte, que considerou a decisão do conselho de administração do FEM uma medida "repentina e irresponsável", o comitê do FEM manteve a exclusão porque "nessas circunstâncias, não haveria oportunidade para o diálogo internacional".

Em 2017, o FEM em Davos atraiu considerável atenção quando, pela primeira vez, um chefe de estado da República Popular da China esteve presente no resort alpino. Com o pano de fundo do Brexit, um novo governo protecionista dos EUA e pressões significativas sobre zonas de livre comércio e acordos comerciais, o líder supremo Xi Jinping defendeu o esquema econômico global e retratou a China como uma nação responsável e líder em causas ambientais. Ele repreendeu duramente os movimentos populistas atuais que introduziriam tarifas e dificultariam o comércio global, alertando que esse protecionismo poderia promover o isolamento e a redução das oportunidades econômicas.

Em 2018, o primeiro-ministro indiano Narendra Modi fez o discurso de abertura, tornando-se o primeiro chefe de governo da Índia a fazer o discurso de abertura da plenária anual em Davos. Modi destacou o aquecimento global (mudança climática), o terrorismo e o protecionismo como os três principais desafios globais e expressou confiança de que eles podem ser enfrentados com esforço coletivo.

Em 2019, o presidente brasileiro Jair Bolsonaro fez o discurso principal na sessão plenária da conferência. Em sua primeira viagem internacional a Davos, ele enfatizou as políticas econômicas liberais, apesar de sua agenda populista, e tentou assegurar ao mundo que o Brasil é um protetor da floresta tropical, ao mesmo tempo em que utiliza seus recursos para a produção e exportação de alimentos. Ele declarou que "seu governo buscará integrar melhor o Brasil ao mundo, incorporando as melhores práticas internacionais, como as adotadas e promovidas pela OCDE". Preocupações ambientais, como eventos climáticos extremos e o fracasso da mitigação e adaptação às mudanças climáticas, estavam entre os principais riscos globais expressos pelos participantes do FEM. Em 13 de junho de 2019, o FEM e as Nações Unidas assinaram uma "Estrutura de Parceria Estratégica" para "acelerar conjuntamente a implementação da Agenda 2030 para o Desenvolvimento Sustentável".

O Fórum Econômico Mundial de 2021 deveria ter sido realizado de 17 a 20 de agosto em Cingapura. No entanto, em 17 de maio, o Fórum foi cancelado, com uma nova reunião a ser realizada no primeiro semestre de 2022, com local e data finais a serem determinados no final de 2021.

No final de dezembro de 2021, o Fórum Econômico Mundial disse em um comunicado que as condições da pandemia tornaram extremamente difícil a realização de uma reunião presencial global no mês seguinte; a transmissibilidade da variante Omicron do SARS-CoV-2 e seu impacto sobre as viagens e a mobilidade tornaram necessário o adiamento. No início de 2022, a reunião anual em Davos foi remarcada para 22 a 26 de maio de 2022. Seus temas incluem a guerra russo-ucraniana, as mudanças climáticas, a insegurança energética e a inflação. O presidente da Ucrânia, Volodymyr Zelenskyy, fez um discurso especial na reunião, agradecendo à comunidade global por seus esforços, mas também pedindo mais apoio. O Fórum de 2022 foi marcado pela ausência de uma delegação russa pela primeira vez desde 1991, o que o *The Wall Street Journal* descreveu como um sinal de "desintegração da globalização". A antiga Casa da Rússia foi usada para apresentar os crimes de guerra da Rússia.

A reunião anual de 2023 do Fórum Econômico Mundial foi realizada em Davos, na Suíça, de 16 a 20 de janeiro, sob o lema "Cooperação em um mundo fragmentado".

Organização do FEM

Com sede em Cologny, o FEM também tem escritórios em Nova York, Pequim e Tóquio. Em janeiro de 2015, foi designado como uma ONG com status de "outro órgão internacional" pelo Governo Federal Suíço, de acordo com a Lei do Estado Anfitrião Suíço.

Em 10 de outubro de 2016, o FEM anunciou a abertura de seu novo Centro para a Quarta Revolução Industrial em São Francisco. De acordo com o FEM, o centro "servirá como uma plataforma para interação, percepção e impacto sobre as mudanças científicas e tecnológicas que estão mudando a maneira como vivemos, trabalhamos e nos relacionamos uns com os outros".

O Fórum Econômico Mundial afirma ser imparcial e que não está vinculado a nenhum interesse político, partidário ou nacional. Até 2012, tinha status de observador no Conselho Econômico e Social das Nações Unidas, quando foi revogado; está sob a supervisão do Conselho Federal Suíço. O mais alto órgão de governança da fundação é o conselho da fundação.

O conselho administrativo é presidido pelo presidente do FEM, Børge Brende, e atua como o órgão executivo do Fórum Econômico Mundial. Os membros do conselho administrativo são Børge Brende, Julien Gattoni, Jeremy Jurgens, Adrian Monck, Sarita Nayyar, Olivier M. Schwab, Saadia Zahidi e Alois Zwinggi.

Conselho de Administração

O FEM é presidido pelo fundador e presidente executivo, Professor Klaus Schwab, e é orientado por um conselho de curadores composto por líderes dos setores empresarial, político, acadêmico e da sociedade civil. Em 2010, o conselho era composto por: Josef Ackermann, Peter Brabeck-Letmathe, Kofi Annan, Victor L. L. Chu, Tony Blair, Michael S. Dell, Niall FitzGerald, Susan Hockfield, Orit Gadiesh, Christine Lagarde, Carlos Ghosn, Maurice Lévy, Rajat Gupta, Indra Nooyi, Peter D. Sutherland, Ivan Pictet, Heizo Takenaka, Ernesto Zedillo Ponce de Leon, Joseph P. Schoendorf, S.M. Rainha Rania Al Abdullah. Os membros do conselho de curadores (antigos ou atuais) incluem: Mukesh Ambani, Marc Benioff, Peter Brabeck-Letmathe, Mark Carney, Laurence D. Fink, Chrystia Freeland, Orit Gadiesh, Fabiola Gianotti, Al Gore,

Herman Gref, José Ángel Gurría, André Hoffmann, Ursula von der Leyen, Jack Ma, Yo-Yo Ma, Peter Maurer, Luis Alberto Moreno, Muriel Pénicaud, S. M. Rainha Rania Al Abdullah.M. Queen Rania Al Abdullah of the Hashemite Kingdom of Jordan, L. Rafael Reif, David M. Rubenstein, Mark Schneider, Klaus Schwab, Tharman Shanmugaratnam, Jim Hagemann Snabe, Feike Sijbesma, Heizo Takenaka, Zhu Min.

Associação

A fundação é financiada por suas 1.000 empresas associadas, geralmente empresas globais com faturamento superior a cinco bilhões de dólares (variando de acordo com o setor e a região). Essas empresas estão entre as principais empresas de seu setor e/ou país e desempenham um papel de liderança na formação do futuro de seu setor e/ou região. A associação é estratificada pelo nível de envolvimento com as atividades do fórum, com o nível das taxas de associação aumentando à medida que aumenta a participação em reuniões, projetos e iniciativas. Em 2011, uma associação anual custou US$ 52.000 para um membro individual, US$ 263.000 para um "Parceiro do setor" e US$ 527.000 para

16

um "Parceiro estratégico". Uma taxa de admissão custa US$ 19.000 por pessoa. Em 2014, o FEM aumentou as taxas anuais em 20%, elevando o custo para "Parceiro Estratégico" de CHF 500.000 (US$ 523.000) para CHF 600.000 (US$ 628.000).

Atividades do FEM

Reunião anual em Davos

O principal evento do Fórum Econômico Mundial é a reunião anual somente para convidados realizada no final de janeiro em Davos, na Suíça, reunindo diretores executivos de suas 1.000 empresas associadas, bem como políticos selecionados, representantes do meio acadêmico, ONGs, líderes religiosos e a mídia em um ambiente alpino. As discussões de inverno se concentram ostensivamente em questões-chave de interesse global (como globalização, mercados de capital, gerenciamento de patrimônio, conflitos internacionais, problemas ambientais e suas possíveis soluções). Os participantes também participam de eventos de dramatização, como o Investment Heat Map. As reuniões informais de inverno podem ter gerado tantas ideias e soluções quanto as sessões oficiais.

Na reunião anual de 2018, mais de 3.000 participantes de quase 110 países participaram de mais de 400 sessões. A participação incluiu mais de 340 figuras públicas, incluindo mais de 70 chefes de estado e de governo e 45 chefes de organizações internacionais; 230 representantes da mídia e quase 40 líderes culturais foram representados.

Cerca de 500 jornalistas de mídia online, impressa, rádio e televisão participam, com acesso a todas as sessões do programa oficial, algumas das quais também são transmitidas pela Internet. Entretanto, nem todos os jornalistas têm acesso a todas as áreas. Isso é reservado aos portadores de crachá branco. De acordo com o jornalista da BBC Anthony Reuben, "Davos tem um sistema de crachás quase semelhante a uma casta". "Um crachá branco significa que você é um dos delegados - pode ser o executivo-chefe de uma empresa ou o líder de um país (embora isso também lhe dê um pequeno adesivo holográfico para adicionar ao seu crachá), ou um jornalista sênior. Um crachá laranja significa que você é apenas um jornalista comum". Todos os debates plenários da reunião anual também estão disponíveis no YouTube e as fotografias estão disponíveis no Flickr.

Participantes individuais

Cerca de 3.000 participantes individuais se juntaram à reunião anual de 2020 em Davos. Os países com o maior

19

número de participantes incluem os Estados Unidos (674 participantes), o Reino Unido (270), a Suíça (159), a Alemanha (137) e a Índia (133). Entre os participantes estavam chefes de estado ou de governo, ministros de gabinete, embaixadores, chefes ou altos funcionários de organizações internacionais) que participaram da reunião anual, incluindo: Sanna Marin (primeira-ministra da Finlândia), Ursula von der Leyen (presidente da Comissão Europeia), Christine Lagarde (presidente do BCE), Greta Thunberg (ativista climática), Ren Zhengfei (fundador da Huawei Technologies), Kristalina Georgieva (diretora-gerente do FMI), Deepika Padukone (atriz de Bollywood), George Soros (investidor) e Donald Trump (presidente dos Estados Unidos).

Uma análise da *The Economist* de 2014 constatou que a grande maioria dos participantes é do sexo masculino e tem mais de 50 anos de idade. As carreiras empresariais representam a maior parte do histórico dos participantes (1.595 participantes da conferência), com as vagas restantes divididas entre governo (364), ONGs (246) e imprensa (234). O setor acadêmico, que foi a base da primeira conferência anual em 1971, foi marginalizado e passou a ser o menor grupo de participantes (183 participantes).

Participantes corporativos

Além dos participantes individuais, o Fórum Econômico Mundial mantém uma densa rede de parceiros corporativos que podem se candidatar a diferentes níveis de parceria dentro do fórum. Para 2019, a Bloomberg identificou um total de 436 empresas listadas que participaram da reunião anual e mediu um desempenho inferior das ações dos participantes de Davos de cerca de -10% em relação ao S&P 500 durante o mesmo ano. Os fatores determinantes são, entre outros, uma super-representação de empresas financeiras e uma sub-representação de empresas de saúde e tecnologia da informação de rápido crescimento na conferência. *A The Economist* havia encontrado resultados semelhantes em um estudo anterior, mostrando um desempenho inferior dos participantes de Davos em relação ao MSCI World Index e ao S&P 500 entre 2009 e 2014.

Reunião anual de verão

21

Em 2007, a fundação criou a Reunião Anual dos Novos Campeões (também chamada de Summer Davos), realizada anualmente na China, alternando entre Dalian e Tianjin, reunindo 1.500 participantes do que a fundação chama de Empresas de Crescimento Global, principalmente de países emergentes em rápido crescimento, como China, Índia, Rússia, México e Brasil, mas também incluindo empresas de países desenvolvidos em rápido crescimento. A reunião também envolve a próxima geração de líderes globais de regiões em rápido crescimento e cidades competitivas, além de pioneiros em tecnologia de todo o mundo. O primeiro-ministro da China fez um discurso plenário em cada reunião anual.

Reuniões regionais

Todos os anos são realizadas reuniões regionais que permitem um contato próximo entre líderes empresariais, líderes governamentais locais e ONGs. As reuniões são realizadas na África, no Leste Asiático, na América Latina e no Oriente Médio. A combinação de países anfitriões varia de ano para ano, mas a China e a Índia sempre foram os anfitriões ao longo da década desde 2000.

Jovens líderes globais

O grupo de Jovens Líderes Globais consiste em 800 pessoas escolhidas pelos organizadores do FEM como sendo representativas da liderança contemporânea. Após cinco anos de participação, eles são considerados ex-alunos. O programa foi alvo de polêmica quando Schwab, o fundador, admitiu ter "penetrado" nos governos com os Jovens Líderes Globais. Ele acrescentou que, em 2017, "mais da metade" do gabinete de Justin Trudeau havia sido membro do programa.

Empreendedores sociais

Desde 2000, o FEM vem promovendo modelos desenvolvidos por aqueles que trabalham em estreita colaboração com a Schwab Foundation for Social Entrepreneurship, destacando o empreendedorismo social como um elemento fundamental para o avanço das sociedades e para a solução de problemas sociais. Os empreendedores sociais selecionados são convidados a participar das reuniões regionais da fundação e das reuniões anuais, onde podem se encontrar com executivos-chefes e altos funcionários do governo. Na

23

reunião anual de 2003, por exemplo, Jeroo Billimoria se reuniu com Roberto Blois, secretário-geral adjunto da União Internacional de Telecomunicações, um encontro que gerou uma parceria importante para sua organização Child helpline international.

Relatórios de pesquisa

A fundação também atua como um think tank, publicando uma grande variedade de relatórios. Em particular, as "Equipes de Insight Estratégico" se concentram na produção de relatórios de relevância nas áreas de competitividade, riscos globais e pensamento de cenário.

A "Equipe de Competitividade" produz uma série de relatórios econômicos anuais (publicados pela primeira vez entre parênteses): O Global Competitiveness Report (1979) mediu a competitividade dos países e das economias; o Global Information Technology Report (2001) avaliou a competitividade dos países com base em sua prontidão em TI; o Global Gender Gap Report examinou áreas críticas de desigualdade entre homens e mulheres; o Global Risks Report (2006) avaliou os principais riscos globais; o Global Travel and Tourism

Report (2007) mediu a competitividade de viagens e turismo; o Relatório de Desenvolvimento Financeiro (2008) teve como objetivo fornecer um meio abrangente para que os países estabelecessem padrões de referência para vários aspectos de seus sistemas financeiros e estabelecessem prioridades para melhorias; e o Relatório Global Enabling Trade (2008) apresentou uma análise entre países do grande número de medidas que facilitam o comércio entre as nações.

A "Risk Response Network" (Rede de Resposta a Riscos) produz um relatório anual avaliando os riscos que são considerados dentro do escopo dessas equipes, que são relevantes para todo o setor, que são incertos, que têm o potencial de causar mais de US$ 10 bilhões em danos econômicos, que têm o potencial de causar grande sofrimento humano e que exigem uma abordagem de múltiplas partes interessadas para mitigação.

Em 2020, o fórum publicou um relatório chamado: "Nature Risk Rising". Nesse relatório, o fórum estimou que aproximadamente metade do PIB global depende alta ou moderadamente da natureza e que 1 dólar gasto na restauração da natureza gera 9 dólares de lucro.

25

WORLD
ECONOMIC
FORUM
WORLD
ECONOMIC
FORUM

Iniciativas do FEM

Saúde

A Global Health Initiative foi lançada por Kofi Annan na reunião anual de 2002. A missão da GHI era envolver as empresas em parcerias público-privadas para combater o HIV/AIDS, a tuberculose, a malária e os sistemas de saúde.

A Global Education Initiative (GEI), lançada durante a reunião anual em 2003, reuniu empresas internacionais de TI e governos da Jordânia, do Egito e da Índia, o que resultou na disponibilização de novos computadores pessoais em suas salas de aula e em mais professores locais treinados em e-learning. O modelo GEI, que é expansível e sustentável, agora está sendo usado como um modelo educacional em outros países, incluindo Ruanda.

Em 19 de janeiro de 2017, a Coalition for Epidemic Preparedness Innovations (CEPI), uma iniciativa global para combater epidemias, foi lançada no FEM em Davos. A iniciativa financiada internacionalmente tem como objetivo garantir o fornecimento de vacinas para emergências e pandemias globais e pesquisar novas vacinas para doenças tropicais, que agora são mais ameaçadoras. O projeto é financiado por doadores privados e governamentais, com um investimento inicial de US$ 460 milhões dos governos da Alemanha, Japão e Noruega, além da Fundação Bill & Melinda Gates e do Wellcome Trust.

Reunião de 2020

Entre 21 e 24 de janeiro de 2020, nos estágios iniciais do surto de COVID-19, a CEPI se reuniu com líderes da Moderna para estabelecer planos para uma vacina contra a COVID-19 no encontro de Davos, com um número total de casos globais de 274 e perda total de vidas pelo vírus em 16.

A OMS declarou uma emergência de saúde global seis dias depois.

Sociedade

A Water Initiative reúne diversas partes interessadas, como a Alcan Inc., a Agência Suíça para Desenvolvimento e Cooperação, a USAID Índia, o PNUD Índia, a

28

Confederação da Indústria Indiana (CII), o Governo de
Rajasthan e a NEPAD Business Foundation para
desenvolver parcerias público-privadas na gestão da água
na África do Sul e na Índia.

Em um esforço para combater a corrupção, a Iniciativa de
Parceria Contra a Corrupção (PACI) foi lançada por CEOs
dos setores de engenharia e construção, energia e metais
e mineração na reunião anual em Davos, em janeiro de
2004. A PACI é uma plataforma de intercâmbio de
experiências práticas e situações dilemáticas. Cerca de
140 empresas aderiram à iniciativa.

Meio ambiente

No início do século XXI, o fórum começou a tratar cada
vez mais das questões ambientais. No Manifesto de
Davos 2020, diz-se que uma empresa, entre outras:

- "atua como um administrador do universo
  ambiental e material para as gerações futuras. Ela
  protege conscientemente nossa biosfera e defende
  uma economia circular, compartilhada e
  regenerativa".

- "gerencia de forma responsável a criação de valor de curto, médio e longo prazo em busca de retornos sustentáveis para os acionistas que não sacrificam o futuro pelo presente."
- "é mais do que uma unidade econômica que gera riqueza. Ela atende às aspirações humanas e sociais como parte de um sistema social mais amplo. O desempenho deve ser medido não apenas pelo retorno aos acionistas, mas também pela forma como ela atinge seus objetivos ambientais, sociais e de boa governança."

A Iniciativa Ambiental abrange questões relacionadas à mudança climática e à água. No âmbito do Gleneagles Dialogue on Climate Change (Diálogo de Gleneagles sobre Mudanças Climáticas), o governo do Reino Unido solicitou ao Fórum Econômico Mundial, na Cúpula do G8 em Gleneagles, em 2005, que facilitasse um diálogo com a comunidade empresarial para desenvolver recomendações para a redução das emissões de gases de efeito estufa. Esse conjunto de recomendações, endossado por um grupo global de CEOs, foi apresentado aos líderes antes da Cúpula do G8 em Toyako, Hokkaido, Japão, realizada em julho de 2008.

Em 2016, o FEM publicou um artigo no qual afirma que, em alguns casos, a redução do consumo pode aumentar o bem-estar. O artigo menciona que na Costa Rica o PIB é 4 vezes menor do que em muitos países da Europa Ocidental e da América do Norte, mas as pessoas vivem mais e melhor. Um estudo americano mostra que aqueles cuja renda é superior a US$ 75.000 não necessariamente têm um aumento no bem-estar. Para medir melhor o bem-estar, a New Economics Foundation lançou o Happy Planet Index.

Em janeiro de 2017, o FEM lançou a Platform for Accelerating the Circular Economy (PACE), uma parceria público-privada global que busca ampliar as inovações da economia circular. A PACE é copresidida por Frans van Houten (CEO da Philips), Naoko Ishii (CEO do Global Environment Facility) e o chefe do Programa das Nações Unidas para o Meio Ambiente (PNUMA). A Ellen MacArthur Foundation, o International Resource Panel, a Circle Economy, a Chatham House, o Instituto Nacional Holandês de Saúde Pública e Meio Ambiente, o Programa das Nações Unidas para o Meio Ambiente e a Accenture atuam como parceiros de conhecimento, e o programa é apoiado pelo Departamento de Meio Ambiente,

31

Alimentação e Assuntos Rurais do Reino Unido, DSM, FrieslandCampina, Global Affairs Canada, o Ministério Holandês de Infraestrutura e Gerenciamento de Água, Rabobank, Shell, SITRA e Unilever.

O Fórum enfatizou sua "Iniciativa de Segurança de Recursos Naturais e Meio Ambiente" para a reunião de 2017, a fim de alcançar o crescimento econômico inclusivo e práticas sustentáveis para as indústrias globais. Com o aumento das limitações no comércio mundial devido a interesses nacionais e barreiras comerciais, o FEM passou a adotar uma abordagem mais sensível e social para as empresas globais, com foco na redução das emissões de carbono na China e em outras grandes nações industrializadas.

Também em 2017, o FEM lançou a Iniciativa Quarta Revolução Industrial (4IR) para a Terra, uma colaboração entre o FEM, a Universidade de Stanford e a PwC, e financiada pela Fundação Mava. Em 2018, o FEM anunciou que um dos projetos dessa iniciativa seria o Projeto BioGenoma da Terra, cujo objetivo é sequenciar os genomas de todos os organismos da Terra.

O Fórum Econômico Mundial está trabalhando para eliminar a poluição plástica, afirmando que, até 2050, ela consumirá 15% do orçamento global de carbono e passará, em peso, os peixes nos oceanos do mundo. Um dos métodos é alcançar a economia circular.

O tema da reunião anual do Fórum Econômico Mundial de 2020 foi "Stakeholders for a Cohesive and Sustainable World" (Partes interessadas para um mundo coeso e sustentável). As mudanças climáticas e a sustentabilidade foram temas centrais da discussão. Muitos argumentaram que o PIB não consegue representar corretamente o bem-estar e que os subsídios aos combustíveis fósseis devem ser interrompidos. Muitos dos participantes disseram que é necessário um capitalismo melhor. Al Gore resumiu as ideias da conferência da seguinte forma "A versão do capitalismo que temos hoje em nosso mundo deve ser reformada".

Nessa reunião, o Fórum Econômico Mundial:

- Lançou a Trillion Tree Campaign, uma iniciativa com o objetivo de "cultivar, restaurar e conservar 1 trilhão de árvores nos próximos 10 anos em todo o

mundo - em uma tentativa de restaurar a
biodiversidade e ajudar a combater as mudanças
climáticas". Donald Trump aderiu à iniciativa. O
fórum declarou que: "As soluções baseadas na
natureza - que retêm carbono nas florestas,
pastagens e zonas úmidas do mundo - podem
fornecer até um terço das reduções de emissões
necessárias até 2030 para cumprir as metas do
Acordo de Paris", acrescentando que o restante
deve vir dos setores da indústria pesada, finanças
e transporte. Uma das metas é unificar os projetos
de reflorestamento existentes

- Discutiu a questão da mudança climática e pediu a
  expansão da energia renovável, a eficiência
  energética, a mudança dos padrões de consumo e
  a remoção do carbono da atmosfera. O fórum
  afirmou que a crise climática se tornará um
  apocalipse climático se a temperatura aumentar
  em 2 graus. O fórum pediu o cumprimento dos
  compromissos do Acordo de Paris. Jennifer
  Morgan, diretora executiva do Greenpeace, disse
  que, até o início do fórum, os combustíveis fósseis
  ainda recebem três vezes mais dinheiro do que as
  soluções climáticas.

Na reunião anual de 2021, a UNFCCC lançou a campanha "UN Race-to-Zero Emissions Breakthroughs". O objetivo da campanha é transformar 20 setores da economia para alcançar zero emissões de gases de efeito estufa. Pelo menos 20% de cada setor deve adotar medidas específicas, e 10 setores devem ser transformados antes da COP 26 em Glasgow. De acordo com os organizadores, 20% é um ponto de inflexão, após o qual todo o setor começa a mudar de forma irreversível.

Coronavírus e recuperação verde

Em abril de 2020, o fórum publicou um artigo que postula que a pandemia da COVID-19 está ligada à destruição da natureza. O número de doenças emergentes está aumentando e esse aumento está ligado ao desmatamento e à perda de espécies. No artigo, há vários exemplos da degradação dos sistemas ecológicos causada pelos seres humanos. Também é dito que metade do PIB global é moderada ou amplamente dependente da natureza. O artigo conclui que a recuperação da pandemia deve estar vinculada à recuperação da natureza.

O fórum propôs um plano para uma recuperação verde. O plano inclui o avanço da economia circular. Entre os métodos mencionados, estão a construção verde, o transporte sustentável, a agricultura orgânica, o espaço aberto urbano, a energia renovável e os veículos elétricos.

Conselhos do Futuro Global

A Network of Global Future Councils se reúne anualmente nos Emirados Árabes Unidos e virtualmente várias vezes ao ano. A segunda reunião anual do FEM foi realizada em Dubai, em novembro de 2017, quando havia 35 conselhos distintos focados em uma questão, setor ou tecnologia específica. Em 2017, os membros se reuniram com representantes e parceiros do novo Centro para a Quarta Revolução Industrial do FEM. As ideias e propostas são levadas adiante para uma discussão mais aprofundada na Reunião Anual do Fórum Econômico Mundial em Davos-Klosters, em janeiro.

Comunidade Global Shapers

A Global Shapers Community (GSC), uma iniciativa do Fórum Econômico Mundial, seleciona jovens líderes com menos de 30 anos de idade com base em suas realizações e potencial para serem agentes de mudança no mundo. Os Global Shapers desenvolvem e lideram seus centros baseados na cidade para implementar projetos de justiça social que promovam a missão do Fórum Econômico Mundial. O GSC tem mais de 10.000 membros em mais de 500 hubs em 154 países. Alguns críticos consideram o foco crescente do FEM em áreas ativistas, como proteção ambiental e empreendedorismo social, como uma estratégia para disfarçar os verdadeiros objetivos plutocráticos da organização.

Divisões de projetos

Os projetos estão divididos em 17 áreas de impacto: Artes e Cultura, Cidades e Urbanização, Participação Cívica, Mudanças Climáticas, Resposta à Covid-19, Educação, Empreendedorismo, Quarta Revolução Industrial, Igualdade de Gênero, Saúde Global, Migração, Moldando o Futuro, Desenvolvimento Sustentável, Valores, Água, #WeSeeEqual e Força de Trabalho e Emprego.

Em Desenvolvimento Sustentável, a comunidade lançou a Shaping Fashion Initiative, que envolve os centros de

Dusseldorf, Corrientes, Lahore, Davao, Milão, Lyon, Quito, Taipei e outros.

Em Empreendedorismo, Bucareste sedia o Prêmio de Impacto Social desde 2009. Ela administra programas de educação e incubação em mais de 20 países da Europa, África e Ásia e já impactou mais de 1.000 jovens empreendedores sociais com idades entre 14 e 30 anos. Na América do Norte, Nova York sedia o acelerador de startups OneRise desde 2021.

Futuro do trabalho

A força-tarefa do Futuro do Trabalho foi presidida por Linda Yaccarino. Com relação ao futuro do trabalho, o FEM 2020 estabeleceu a meta de oferecer melhores empregos, acesso a educação de alta qualidade e habilidades para 1 bilhão de pessoas até 2030.

A grande redefinição

Em maio de 2020, o FEM e a Iniciativa de Mercados Sustentáveis do Príncipe de Gales lançaram o projeto "The Great Reset", um plano de cinco pontos para melhorar o crescimento econômico sustentável após a recessão global causada pelos bloqueios da pandemia da COVID-19. "The Great Reset" seria o tema da reunião anual do FEM em agosto de 2021.

De acordo com o fundador do fórum, Schwab, a intenção do projeto é reconsiderar o significado do capitalismo e do capital. Embora não abandone o capitalismo, ele propõe mudar e possivelmente abandonar alguns de seus aspectos, incluindo o neoliberalismo e o fundamentalismo do livre mercado. O papel das corporações, a tributação e outros aspectos devem ser reconsiderados. A cooperação e o comércio internacionais devem ser defendidos e a Quarta Revolução Industrial também.

O fórum define o sistema que deseja criar como "Capitalismo de partes interessadas". O fórum apóia os sindicatos.

Críticas ao FEM

Protestos físicos

No final da década de 1990, o FEM, assim como o G7, o Banco Mundial, a Organização Mundial do Comércio e o Fundo Monetário Internacional, foram duramente criticados por ativistas antiglobalização que alegavam que o capitalismo e a globalização estavam aumentando a pobreza e destruindo o meio ambiente. Em 2000, cerca de 10.000 manifestantes interromperam uma reunião regional do FEM em Melbourne, obstruindo o caminho de 200 delegados. Pequenas manifestações são realizadas em Davos na maioria dos anos, mas não em todos, organizadas pelo Partido Verde local *(consulte Protestos contra o FEM na Suíça, janeiro de 2003)* para protestar contra o que foi chamado de reuniões de "gatos gordos na neve", um termo irônico usado pelo cantor de rock Bono.

Depois de 2014, o movimento de protesto físico contra o Fórum Econômico Mundial praticamente desapareceu, e a polícia suíça observou um declínio significativo no número de manifestantes presentes, 20 no máximo durante a reunião em 2016. Embora os manifestantes ainda sejam mais numerosos nas grandes cidades suíças, o movimento de protesto em si passou por mudanças significativas. Cerca de 150 tibetanos e uigures protestaram em Genebra e 400 tibetanos em Berna contra a visita do líder supremo da China, Xi Jinping, para a reunião de 2017, com confrontos e prisões subsequentes.

Aumento das diferenças de riqueza

Várias ONGs usaram o Fórum Econômico Mundial para destacar as crescentes desigualdades e as lacunas de riqueza que, segundo elas, não são tratadas de forma suficientemente abrangente ou mesmo fortalecidas por instituições como o FEM. Winnie Byanyima, diretora executiva da confederação de combate à pobreza Oxfam International, copresidiu a reunião de 2015, onde apresentou um relatório crítico sobre a distribuição da riqueza global com base em pesquisa estatística do Credit Suisse Research Institute. Nesse estudo, o 1% das pessoas mais ricas do mundo detém 48% da riqueza mundial. Na reunião de 2019, ela apresentou outro relatório afirmando que a diferença entre ricos e pobres só aumentou. O relatório "Bem Público ou Riqueza Privada" afirmou que 2.200 bilionários em todo o mundo viram sua riqueza crescer 12%, enquanto a metade mais pobre viu sua riqueza cair 11%. A Oxfam pede uma revisão tributária global para aumentar e harmonizar as alíquotas de impostos globais para corporações e indivíduos ricos.

Formação de uma elite independente

A formação de uma elite descolada, que muitas vezes é rotulada pelo neologismo "Homem de Davos", refere-se a um grupo global cujos membros se consideram completamente "internacionais". O termo se refere a pessoas que "têm pouca necessidade de lealdade nacional, consideram as fronteiras nacionais como obstáculos e veem os governos nacionais como resíduos do passado, cuja única função útil é facilitar as operações globais da elite", de acordo com o cientista político Samuel P. Huntington, a quem se atribui a invenção do neologismo. Em seu artigo de 2004, "Dead Souls: The Denationalization of the American Elite", Huntington argumenta que essa perspectiva internacional é uma posição elitista minoritária não compartilhada pela maioria nacionalista do povo.

O Transnational Institute descreve o principal objetivo do Fórum Econômico Mundial como sendo "funcionar como uma instituição socializadora para a elite global emergente, a "mafiocracia" da globalização de banqueiros, industriais, oligarcas, tecnocratas e políticos. Eles promovem ideias comuns e atendem a interesses comuns: os seus próprios".

Em 2019, o jornalista da *Manager Magazin,* Henrik Müller, argumentou que o "Homem de Davos" já havia se decomposto em diferentes grupos e campos. Ele vê três fatores centrais para esse desenvolvimento:

- Ideologicamente: o modelo liberal ocidental não é mais considerado um modelo universal pelo qual outros países lutam (com o totalitarismo digital da China ou o absolutismo tradicional do Golfo Pérsico como contrapropostas, todos eles representados por membros do governo em Davos).
- Socialmente: as sociedades estão se desintegrando cada vez mais em diferentes grupos, cada um deles evocando sua própria identidade (por exemplo, incorporada por meio da

votação do Brexit ou dos bloqueios do Congresso nos EUA).

- Economicamente: a realidade econômica medida contradiz amplamente as ideias estabelecidas de como a economia deveria realmente funcionar (apesar dos aumentos econômicos, os salários e os preços, por exemplo, quase não aumentam).

Custo público da segurança

Os críticos argumentam que o FEM, apesar de ter reservas de várias centenas de milhões de francos suíços e pagar aos seus executivos salários de cerca de 1 milhão de francos suíços por ano, não pagaria nenhum imposto federal e, além disso, alocaria uma parte de seus custos para o público. Após críticas maciças de políticos e da sociedade civil suíça, o governo federal suíço decidiu, em fevereiro de 2021, reduzir suas contribuições anuais para o FEM.

Em 2018, as despesas policiais e militares assumidas pelo governo federal eram de 39 milhões de francos suíços. O *Aargauer Zeitung* argumentou em janeiro de 2020 que o custo adicional suportado pelo Kanton Graubünden era de 9 milhões de francos suíços por ano.

O Partido Verde Suíço resumiu suas críticas dentro do Conselho Nacional Suíço de que a realização do Fórum Econômico Mundial custou aos contribuintes suíços centenas de milhões de francos suíços nas últimas décadas. Em sua opinião, no entanto, é questionável até que ponto a população suíça ou a comunidade global se beneficia com esses gastos.

Debate sobre gênero

As mulheres têm sido amplamente sub-representadas no FEM, de acordo com alguns críticos. A taxa de participação feminina no FEM aumentou de 9% para 15% entre 2001 e 2005. Em 2016, 18% dos participantes do FEM eram mulheres; esse número aumentou para 21% em 2017 e 24% em 2020.

Desde então, várias mulheres compartilharam suas impressões pessoais sobre as reuniões de Davos em artigos na mídia, destacando que as questões eram mais profundas do que "uma cota em Davos para mulheres líderes ou uma sessão sobre diversidade e inclusão".
45

Nesse contexto, o Fórum Econômico Mundial apresentou queixas legais contra pelo menos três artigos investigativos dos repórteres Katie Gibbons e Billy Kenber que foram publicados pelo jornal britânico *The Times* em março de 2020.

Tomada de decisão antidemocrática

De acordo com o think tank do Parlamento Europeu, os críticos veem o FEM como um instrumento para que os líderes políticos e empresariais "tomem decisões sem ter que prestar contas ao eleitorado ou aos acionistas".

Desde 2009, o FEM tem trabalhado em um projeto chamado Global Redesign Initiative (GRI), que propõe uma transição da tomada de decisões intergovernamentais para um sistema de governança de múltiplas partes interessadas. De acordo com o Transnational Institute (TNI), o Fórum está, portanto, planejando substituir um modelo democrático reconhecido por um modelo em que um grupo auto-selecionado de "partes interessadas" toma decisões em nome do povo.

Alguns críticos consideraram a atenção do FEM a objetivos como proteção ambiental e empreendedorismo
46

social como mera fachada para disfarçar sua verdadeira natureza e objetivos plutocráticos. Em um artigo de opinião *do Guardian*, Cas Mudde disse que esses plutocratas não deveriam ser o grupo a ter controle sobre as agendas políticas e decidir em quais questões se concentrar e como apoiá-las. Um escritor da revista alemã *Cicero* viu a situação como sendo a de elites acadêmicas, culturais, econômicas e de mídia que buscam o poder social e desconsideram os processos de decisão política. Um meio materialmente bem dotado tentaria, nesse contexto, "consolidar seu domínio de opinião e sedar as pessoas comuns com benefícios sociais maternalistas-paternalistas, de modo que não sejam incomodadas pelas pessoas comuns quando dirigem". Além disso, o jornal francês *Les Echos* conclui que Davos "representa exatamente os valores que as pessoas rejeitaram nas urnas".

Falta de transparência financeira

Em 2017, o ex-jornalista do *Frankfurter Allgemeine Zeitung*, Jürgen Dunsch, criticou o fato de que os relatórios financeiros do FEM não eram muito transparentes, pois nem as receitas nem as despesas eram discriminadas. Além disso, ele destacou que o capital da fundação não foi quantificado, enquanto os lucros, aparentemente não insignificantes, seriam reinvestidos.

Relatórios anuais recentes publicados pelo FEM incluem uma análise mais detalhada de suas finanças e indicam receitas de CHF 349 milhões para o ano de 2019, com reservas de CHF 310 milhões e um capital de fundação de CHF 34 milhões. Não há mais detalhes fornecidos sobre quais classes de ativos ou nomes individuais o FEM aloca seus ativos financeiros de CHF 261 milhões.

Nesse contexto, o jornal alemão *Süddeutsche Zeitung* criticou o fato de o FEM ter se transformado em uma "máquina de imprimir dinheiro", que é administrada como uma empresa familiar e constitui uma forma confortável de sustento para seus principais funcionários. O fundador da fundação, Klaus Schwab, recebe um salário de cerca de um milhão de francos suíços por ano.

Critérios de seleção pouco claros

Em uma solicitação ao Conselho Nacional Suíço, o Partido Verde Suíço criticou o fato de os convites para a reunião anual e os programas do Fórum Econômico Mundial serem emitidos de acordo com critérios pouco claros. Eles destacam que "déspotas", como o filho do ex-ditador líbio Saif al-Islam al-Gaddafi, foram convidados para o FEM e até mesmo receberam o título de membro do clube de "Jovens Líderes Globais". Mesmo depois do início da Primavera Árabe, em dezembro de 2010, e das violentas revoltas contra regimes déspotas, o FEM continuou a convidar Gaddafi para sua reunião anual.

Pegada ambiental das reuniões anuais

Os críticos enfatizam que a reunião anual do Fórum Econômico Mundial é contraproducente no combate a problemas urgentes da humanidade, como a crise climática. Mesmo em 2020, os participantes viajaram para a reunião anual do FEM em Davos em cerca de 1.300 jatos particulares, enquanto a carga total de emissões de transporte e acomodação era enorme, na opinião deles.

Captura corporativa de instituições globais e democráticas

O relatório "Global Redesign" do Fórum Econômico Mundial sugere a criação de uma Organização das

Nações Unidas (ONU) "público-privada", na qual agências selecionadas operam e dirigem agendas globais sob sistemas de governança compartilhada. O relatório afirma que um mundo globalizado é provavelmente mais bem administrado por uma coalizão de corporações multinacionais, governos e organizações da sociedade civil (OSCs), o que é expresso por meio de iniciativas como a "Great Reset" e o "Global Redesign".

Em uma entrevista em 2017, Schwab disse que o presidente russo Vladimir Putin havia sido reconhecido como um Jovem Líder Global e também mencionou o primeiro-ministro canadense Justin Trudeau: "Devo dizer que, quando menciono nomes, como a Sra. (Angela) Merkel e até mesmo Vladimir Putin, e assim por diante, todos eles foram Jovens Líderes Globais do Fórum Econômico Mundial. Mas o que nos orgulha muito agora é a geração jovem, como o Primeiro-Ministro (Justin) Trudeau... Nós entramos no gabinete. Ontem, eu estava em uma recepção para o primeiro-ministro Trudeau e sei que metade do gabinete dele, ou até mais da metade, são na verdade Jovens Líderes Globais."

Em setembro de 2019, mais de 400 organizações da sociedade civil e 40 redes internacionais criticaram fortemente um acordo de parceria entre o FEM e as Nações Unidas e pediram ao Secretário-Geral da ONU que o encerrasse. Eles veem esse acordo como uma "perturbadora captura corporativa da ONU, que moveu o mundo perigosamente em direção a uma governança global privatizada". O think tank holandês Transnational Institute resume que estamos entrando cada vez mais em um mundo onde reuniões como Davos são "um golpe de estado global silencioso" para capturar a governança.

Em dezembro de 2021, o governo holandês publicou sua correspondência anterior com representantes do Fórum Econômico Mundial, mostrando uma ampla interação entre o FEM e o governo holandês. Os documentos foram disponibilizados oficialmente pelo governo holandês.

Não credenciamento de veículos de mídia críticos

Em 2019, o jornal suíço *WOZ* recebeu uma recusa de seu pedido de credenciamento para a reunião anual com os editores e, posteriormente, acusou o Fórum Econômico Mundial de favorecer determinados meios de

51

comunicação. O jornal destacou que o FEM declarou em sua mensagem de recusa que ele [o Fórum] prefere os meios de comunicação com os quais trabalha ao longo do ano. O vice-diretor do *WOZ*, Yves Wegelin, chamou isso de uma ideia estranha de jornalismo porque no "jornalismo você não precisa necessariamente trabalhar com grandes corporações, mas sim criticá-las".

Iniciativas institucionais

Além da política econômica, nos últimos anos a agenda do FEM tem se concentrado cada vez mais em tópicos ativistas com conotação positiva, como proteção ambiental e empreendedorismo social, o que os críticos consideram uma estratégia para disfarçar os verdadeiros objetivos plutocráticos da organização.

Em um artigo de dezembro de 2020 do *The Intercept*, a autora Naomi Klein descreveu que as iniciativas do FEM, como a "Grande Reinicialização", eram simplesmente uma "reformulação da marca com tema de coronavírus" de coisas que o FEM já estava fazendo e que era uma tentativa dos ricos de se mostrarem bem. Em sua opinião, "a Grande Restauração é apenas a última edição dessa tradição dourada, que mal se distingue das Grandes Ideias de Davos anteriores".

Da mesma forma, em sua análise do *COVID-19: The Great Reset*, o especialista em ética Steven Umbrello faz críticas paralelas à agenda. Ele diz que o FEM "encobre um futuro aparentemente otimista pós-Grande Reinicialização com palavras da moda como equidade e sustentabilidade", ao mesmo tempo em que prejudica funcionalmente essas metas.

Um estudo publicado no Journal of Consumer Research investigou o impacto sociológico do FEM. Ele concluiu que o FEM não resolve questões como pobreza, aquecimento global, doenças crônicas ou dívidas. O Fórum, de acordo com o estudo, simplesmente transferiu o ônus da solução desses problemas dos governos e das empresas para os "consumidores responsáveis: o consumidor verde, o consumidor preocupado com a saúde e o consumidor financeiramente alfabetizado".

Apropriação de crises globais

Em dezembro de 2021, o cardeal católico e ex-prefeito da Congregação para a Doutrina da Fé (CDF) Gerhard

53

Ludwig Müller criticou em uma entrevista polêmica que pessoas como o fundador do FEM, Schwab, estavam sentadas "no trono de sua riqueza" e não eram tocadas pelas dificuldades e sofrimentos diários que as pessoas enfrentam, por exemplo, devido à pandemia da COVID-19. Pelo contrário, essas elites veriam as crises como uma oportunidade de fazer avançar suas agendas. Ele criticou particularmente o controle que essas pessoas exerceriam sobre as pessoas e sua adoção de áreas como o transumanismo. O Conselho Central Alemão de Judeus condenou essa crítica, que também está ligada a investidores financeiros judeus, como antissemita.

Controvérsias do FEM

Polêmica com o município de Davos

Em junho de 2021, o fundador do FEM, Klaus Schwab, criticou duramente o que ele caracterizou como "especulação", "complacência" e "falta de compromisso" do município de Davos em relação à reunião anual. Ele mencionou que a preparação da reunião relacionada à COVID em Cingapura em 2021/2022 criou uma alternativa ao seu anfitrião suíço e vê a chance de que a reunião anual permaneça em Davos entre 40% e 70%.

Polêmica sobre o uso do nome Davos

Como há muitas outras conferências internacionais apelidadas de "Davos", como o evento "Davos do Deserto", organizado pelo Instituto Iniciativa de Investimento Futuro da Arábia Saudita, o Fórum Econômico Mundial se opôs ao uso de "Davos" em tais contextos para qualquer evento não organizado por eles. Essa declaração específica foi emitida em 22 de outubro de 2018, um dia antes da abertura da Iniciativa de Investimento Futuro de 2018 (apelidada de "Davos no deserto"), organizada pelo Fundo de Investimento Público da Arábia Saudita.

Alternativas para o FEM

Fórum Aberto Davos

Desde a reunião anual de janeiro de 2003 em Davos, o *Open Forum Davos*, co-organizado pela Federação das Igrejas Protestantes Suíças, é realizado simultaneamente ao fórum de Davos, abrindo o debate sobre a globalização para o público em geral. O Fórum Aberto tem sido realizado na escola secundária local todos os anos, com a participação de políticos e líderes empresariais importantes. Ele é aberto gratuitamente a todos os membros do público.

Prêmios Public Eye

O Public Eye Awards é realizado todos os anos desde 2000. É um contra-evento da reunião anual do Fórum Econômico Mundial (FEM) em Davos. O Public Eye Awards é uma "competição pública das piores corporações do mundo". Em 2011, mais de 50.000 pessoas votaram nas empresas que agiram de forma irresponsável. Em uma cerimônia em um hotel de Davos, os "vencedores" de 2011 foram nomeados como a fabricante indonésia de diesel de óleo de palma, Neste Oil,

da Finlândia, e a empresa de mineração AngloGold
Ashanti, da África do Sul. De acordo com o Schweiz
aktuell transmitido em 16 de janeiro de 2015, a presença
do público durante o FEM 2015 pode não ser garantida
devido ao aumento maciço da segurança em Davos. O
Prêmio Public Eye será concedido pela última vez em
Davos: *Public Eyes says Goodbye to Davos*, confirmado
por Rolf Marugg (agora político *do Landrats*), por políticos
não diretamente envolvidos e pela polícia responsável.